CONFORMANDO COMUNIDADES EDUCATIVAS EMOCIONALMENTE COMPETENTES

Alejandro Gallardo Jaque
Nelly Lagos San Martín

Copyright © 2023 Alejandro Gallardo Jaque, Nelly Lagos San Martín
Copyright © 2023 Generis Publishing

All rights reserved. This book or any portion thereof may not be reproduced or used in any manner whatsoever without the written permission of the publisher except for the use of brief quotations in a book review.

Title: CONFORMANDO COMUNIDADES EDUCATIVAS EMOCIONALMENTE COMPETENTES

ISBN: 979-8-88676-928-9

Author: Alejandro Gallardo Jaque, Nelly Lagos San Martín

Cover image: https://unsplash.com/

Publisher: Generis Publishing
Online orders: www.generis-publishing.com
Contact email: info@generis-publishing.com

ÍNDICE

INTRODUCCIÓN 7
MARCO TEÓRICO Y REFERENCIAL... 8
CAPÍTULO 1 CONOCIENDO NUESTRAS EMOCIONES PARA FORTALECER NUESTRA CONCIENCIA EMOCIONAL... 11
CAPÍTULO 2 ¿CÓMO REGULAR NUESTRAS EMOCIONES? 17
CAPÍTULO 3: BUSCANDO MI MEJOR VERSIÓN PARA ALCANZAR LA AUTONOMÍA EMOCIONAL 25
CAPÍTULO 4: COMPETENCIAS SOCIALES PARA MI VIDA PERSONAL Y PROFESIONAL 35
CAPÍTULO 5: ALCANZANDO EL BIENESTAR EN NUESTRA VIDA.............. 38
CAPÍTULO 6: COMUNIDADES EMOCIONALMENTE COMPETENTES 45
REFLEXIONES FINALES... 49
BIBLIOGRAFÍA 50

INTRODUCCIÓN

La educación emocional constituye hoy, una de las necesidades y requerimientos más sentidos en el sistema educativo, sobre todo por el incremento de situaciones violentas en el espacio público, así como también en las escuelas. La evidencia científica que señala esta necesidad es amplia y concordante respecto de la urgente incorporación de esta área formativa en el currículo, tanto de manera transversal como de manera vertical, es decir contando con un espacio curricular propio.

La responsabilidad de manejar conocimientos y estrategias para la educación emocional, recae actualmente y, debido a la premura de instaurar acciones concretas, en las instituciones educativas, por lo que son estas quienes pueden proponer acciones de autoformación, al interior de sus reuniones habituales. En este contexto, este libro se plantea como un material de apoyo, de tal manera que pueda ser dirigido por un equipo específico dentro de un colegio, y cuente con la participación y colaboración de toda la comunidad educativa.

De esta manera, se podría cubrir esta necesidad formativa del profesorado, que si bien, ha estado recibiendo capacitación en este ámbito, aún resulta insuficiente, por lo que, se cree que toda iniciativa que ayude a fortalecer conocimientos, actitudes y acciones en los docentes, será bien acogida. En este sentido, las comunidades educativas que están planeando la realización de mejoras educativas en el área emocional tienen en este texto, un aliado importante.

La educación emocional, debe formar parte de un proceso continuo y permanente que permita el desarrollo de competencias emocionales que favorezcan desarrollo integral de toda persona, en el caso de los y las docentes este proceso debe ser adquirido con una doble intención, aprender como beneficio propio y también para enseñar.

MARCO TEÓRICO Y REFERENCIAL

Considerando las preocupaciones y sentimientos que conlleva el quehacer laboral, en el profesorado destaca la relevancia de trabajar con las emociones (Fernández Escárzaga et al., 2020), debido a que percibe la necesidad de abordarlas como parte de un proceso educativo que les ayude a sentirse mejor y apoyar a sus estudiantes, disminuyendo la incertidumbre y grandes demandas que han impactado la relación educativa.

La educación emocional debería formar parte de la Formación Inicial Docente, la cual, según Bisquerra y Pérez-Escoda (2007) debe darse de forma sistemática, gradual e integrada, de manera que el profesorado pueda estar debidamente preparado para potenciar el desarrollo de competencias emocionales que fortalezcan el desarrollo integral de la personalidad y le capaciten para la vida.

Este proceso, debe contar con herramientas de apoyo para la resolución de problemas o la mediación entre el alumnado y sus familias, por lo común de estas situaciones durante la vida escolar (Pérez-Escoda y Filella, 2019). La necesidad de desarrollar competencias emocionales en la formación pedagógica se ve reforzada al considerar lo establecido en los estándares de la profesión docente (Mineduc, 2020), en especial cuando en el Dominio B, Creación de un ambiente propicio para el aprendizaje, declara en el estándar 6 que es el profesorado quien debe promover el desarrollo personal y social de sus estudiantes, favoreciendo su bienestar y fomentando competencias, actitudes y hábitos necesarios para el ejercicio de la ciudadanía, la vida democrática, el cuidado por el medio ambiente y la valoración por la diversidad.

Dado lo anterior, se pone un foco importante en el desarrollo socioemocional, destacando como descriptores del desempeño pedagógico, que el profesorado sea capaz de observar y comprender el estado emocional de sus estudiantes y sus variaciones, para establecer vínculos significativos y profundos con ellos/as, promoviendo así que pongan en práctica, habilidades sociales tales como la escucha activa, la empatía y la asertividad, en sus interacciones con pares y adultos.

En esta misma línea, se sugiere además que el/la docente implemente estrategias para que el estudiantado reconozca y regule sus emociones, tome decisiones en forma responsable y autónoma, establezca relaciones positivas, maneje de mejor manera las situaciones desafiantes y cuide de sí mismo, tanto física como mentalmente. En un estudio desarrollado por Castro y Castro (2022), se concluye que tanto para docentes como asistentes de la educación, es importante potenciar la capacitación en servicio en el área socioemocional, con el sentido de instalar prácticas institucionales que logren que docentes y asistentes de la educación se «sientan habilitados y empoderados» para ejercer como «educadores emocionales», lo cual les permitirá en primer lugar autogenerar una disposición emocional adecuada para enseñar, aumentando su confianza y autoestima profesional, para luego co-construir prácticas pedagógicas dirigidas a educar la dimensión emocional de sus estudiantes, mejorando la resolución de problemas de aula, el clima y el aprendizaje, aumentando los niveles de bienestar.

Todo este empoderamiento emocional puede disminuir los niveles de ansiedad del profesorado y de depresión en el estudiantado. En relación a esto, es importante que estas prácticas surjan de los conocimientos distribuidos dentro de la escuela, conglomerándolos a partir de metodologías socioconstructivas que inviten a los profesionales docentes a ser parte activa de su construcción, a través de su participación en la reflexión, en el diseño, en la implementación, en la evaluación, y en la mejora de las mismas, fortaleciendo de esta forma las capacidades socioemocionales, para vigorizar el capital profesional de la escuela en este ámbito.

Se sugiere también formar redes de apoyo con otras instituciones, como universidades, consultorios u otras organizaciones especializadas en el área, que puedan apoyar la escuela en esta tarea.

Competencias emocionales

La delimitación de las competencias emocionales aparece como un tema de debate en el que no existe un acuerdo unánime entre los expertos. Las competencias emocionales son el conjunto de conocimientos, capacidades, habilidades y actitudes necesarias para comprender, expresar y regular de forma apropiada los fenómenos emocionales (Pérez-Escoda y Filella, 2019).

Uno de los modelos reconocidos internacionalmente y que está en proceso de construcción, análisis y revisión permanente (Bisquerra y Pérez-Escoda, 2007) se estructura en cinco grandes competencias o bloques de competencias emocionales: conciencia emocional, regulación emocional, autonomía personal, competencia social y habilidades de vida para el bienestar.

La conciencia emocional permite identificar y comprender las emociones y sentimientos propios, así como el clima emocional de un contexto determinado. La regulación emocional comprende las competencias de expresión emocional apropiada, la regulación de emociones, las habilidades de afrontamiento y la competencia para autogenerar emociones positivas. La autonomía emocional contempla características como la automotivación, la autoeficacia emocional, la responsabilidad, la actitud positiva, el análisis crítico de normas sociales y la resiliencia. La competencia social considera el dominio de las habilidades sociales básicas, lograr el respeto a los demás, practicar la comunicación receptiva, practicar la comunicación expresiva, compartir emociones, mostrar un comportamiento prosocial y de cooperación, practicar la asertividad, la prevención y solución de conflictos, y la capacidad para gestionar situaciones emocionales. Finalmente, las competencias para la vida y el bienestar toman en cuenta fijar objetivos adaptativos, tomar decisiones, buscar ayuda y recursos, practicar la ciudadanía activa, participativa, crítica, responsable y comprometida, buscar el bienestar emocional y fluir.

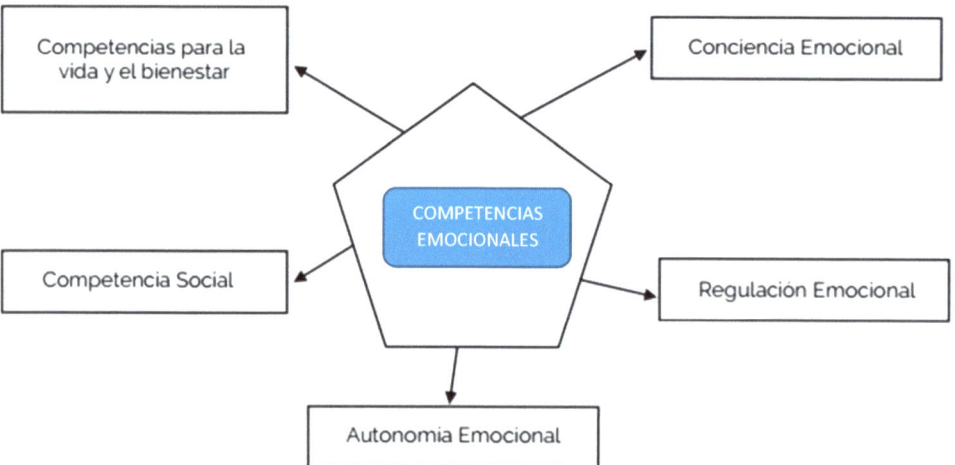

Fuente: Bisquerra y Pérez-Escoda (2007), Las competencias emocionales. Educación XXI, n. 10, p. 61-82.

Basándose en este modelo, en cada uno de los siguientes capítulos se proponen actividades para el desarrollo y fortalecimiento de las competencias emocionales en quienes integran las comunidades de aprendizaje.

CAPÍTULO 1

CONOCIENDO NUESTRAS EMOCIONES PARA FORTALECER NUESTRA CONCIENCIA EMOCIONAL

Activación de conocimientos previos-enganche

Se pide a los(as) participantes que anoten en 1 minuto todas las emociones que conocen. A continuación, se consulta cuántas ha anotado cada uno y se pide que las lean. Finalmente se comparten las impresiones en relación al listado de emociones.

Encuadre teórico

La **conciencia emocional**, además de estar referida a la capacidad de darse cuenta de las propias emociones, también contempla la capacidad de percibir con precisión emociones y sentimientos de otras personas, identificarlos, darles nombres, utilizando un vocabulario emocional adecuado y la utilización de las expresiones disponibles en un contexto cultural determinado para designar los fenómenos emocionales. En un nivel más avanzado implica comprender las emociones de los demás, evidenciando la habilidad para servirse de las claves situacionales y expresivas (comunicación verbal y no verbal) que tienen un cierto grado de consenso cultural para el significado emocional (Bisquerra, 2016).

Dado que existe una gran diversidad de emociones, y que además cada una de ellas puede variar en intensidad dependiendo de la situación que la provoque, resulta clave conocer de dónde vienen y qué quieren transmitir. Por ello la conciencia emocional tiene una importancia fundamental para responder adecuadamente ante las demandas del entorno, establecer objetivos realistas y tomar mejores decisiones.

Para Bisquerra (2015), las emociones, por su gran magnitud, conforman un universo completo, el que se forma por constelaciones y estas por galaxias. La constelación negativa la conforman las galaxias del miedo, la ira y la tristeza (con asco y ansiedad) y la constelación positiva, la constituyen las galaxias de la alegría, el amor y la felicidad.

Este universo tan especial, también lo conforman asteroides, cometas y materia interestelar, así como emociones ambiguas que navegan alrededor de algunas galaxias, como la sorpresa que puede ser positiva (alegría) o negativa (miedo, ira, tristeza). En este sentido, se suman las emociones sociales y las emociones estéticas que pueden tener una polaridad positiva o negativa, por lo que se extienden por todo el universo de emociones.

En este universo, también está la pasión como un asteroide o cometa que ronda distintas galaxias y, finalmente está la materia oscura, ubicada en el pozo de las emociones negativas (miedo, ira y tristeza). Esta analogía, representa la idea de un campo gravitacional con fuerzas negativas que absorben la energía de una persona.

Las emociones incluidas en este universo, clasificadas en función de las agrupaciones denominadas galaxias, se encuentran organizadas en la tabla N° 1.

Tabla N° 1 Universo de emociones

Universo de las emociones

Galaxias de emociones negativas

Galaxia del miedo.- Con temor, horror, pánico, terror, pavor, desasosiego, susto, fobia, etc.

Galaxia de la ira.- Con rabia, cólera, rencor, odio, furia, indignación, resentimiento, aversión, exasperación, tensión, excitación, agitación, acritud, animadversión, animosidad, irritabilidad, hostilidad, violencia, enojo, celos, envidia, impotencia, desprecio, acritud, animosidad, antipatía, resentimiento, rechazo, recelo, etc.

Galaxia de la tristeza.- Con depresión, frustración, decepción, aflicción, pena, dolor, pesar, desconsuelo, pesimismo, melancolía, autocompasión, soledad, desaliento, desgana, morriña, abatimiento, disgusto, preocupación.

Galaxia irregular del asco.- Con aversión, repugnancia, rechazo, desprecio.

Galaxia irregular de la ansiedad.- Con angustia, desesperación, inquietud, inseguridad, estrés, preocupación, anhelo, desazón, consternación, nerviosismo.

Galaxias de emociones positivas

Galaxia de la alegría.- Con entusiasmo, euforia, excitación, contento, deleite, diversión, placer, estremecimiento, gratificación, satisfacción, capricho, éxtasis, alivio, regocijo, humor.

Galaxia del amor.- Con aceptación, afecto, cariño, ternura, simpatía, empatía, interés, cordialidad, confianza, amabilidad, afinidad, respeto, devoción, adoración, veneración, enamoramiento, ágape, gratitud, interés, compasión.

Galaxia de la felicidad.- Con bienestar, satisfacción, armonía, equilibrio, plenitud, paz interior, tranquilidad, serenidad, gozo, dicha, placidez, paz interior, etc.

Galaxias de emociones ambiguas

Galaxia de la sorpresa.- La sorpresa puede ser positiva o negativa. En esta familia se pueden incluir: sobresalto, asombro, desconcierto, confusión, perplejidad, admiración, inquietud, impaciencia. Relacionadas con la sorpresa, pero en el otro extremo de la polaridad pueden estar anticipación y expectativa, que pretenden prevenir sorpresas.

Galaxia de las emociones sociales.- Con vergüenza, culpabilidad, timidez, vergüenza ajena, bochorno, pudor, recato, rubor, sonrojo, verecundia.

Galaxia de las emociones estéticas.- Las emociones estéticas son las que se experimentan ante las obras de arte y ante la belleza.

FUENTE: Punset, Bisquerra y PalauGea (2015) "Universo de emociones".

Actividades prácticas

Actividad 1: Midiendo mis emociones

Se proyecta la imagen del medidor emocional con sus cuadrantes

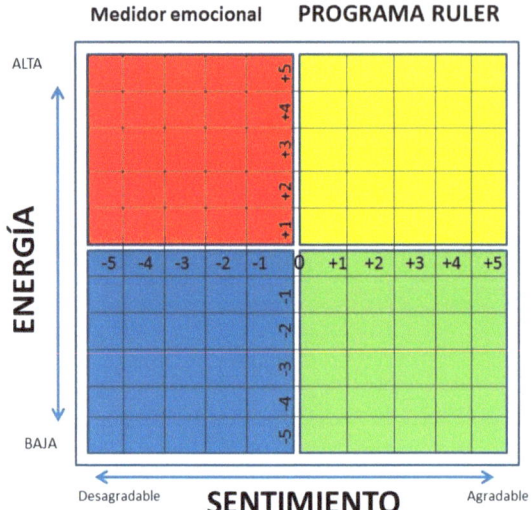

Fuente: https://www.vocaeditorial.com/blog/ruler-programa-de-educacion-emocional-que-nace-del-bullying/

Se entregan etiquetas autoadhesivas a los(as) participantes, para que anoten en ellas su nombre y las emociones que han experimentado en la última semana, en base a la pregunta ¿Cuáles son las emociones que han experimentado en la última semana? Enumere al menos tres.

Se invita a que peguen sus etiquetas, ubicándolas en los cuadrantes correspondientes, según lo agradable o desagradable del sentimiento y el nivel de energía experimentado.

Se invita a dialogar y compartir impresiones en base a las siguientes preguntas

¿Qué reflexión puedo hacer respecto de cómo están ubicadas mis emociones? ¿Cómo lo conecto con mi vida personal y profesional?

¿Qué reflexión puedo hacer respecto de cómo están ubicadas las emociones en este grupo? ¿Cómo lo conecto con mi vida personal y profesional?

Actividad 2: Reconociendo emociones en mí y en otros

Se proyecta en video o se audiciona tres fragmentos de canciones, solicitando que completen una tabla, respondiendo a la pregunta ¿Qué emoción/es reconozco en la canción?

Sugerencias de canciones

1.-Yo vengo a ofrecer mi corazón (Mercedes Sosa y Francis Cabrel) https://www.youtube.com/watch?v=rd7w0gcDWtM

2.- Amigo (Roberto Carlos) https://www.youtube.com/watch?v=LYrupJFWEak

3.- Una emoción para siempre (Eros Ramazzotti) https://www.youtube.com/watch?v=mnzmUOFMcFI

1.-	2.-	3.-

 Se invita voluntariamente a que algunos(as) participantes relaten su experiencia.

Luego de un análisis grupal de esta actividad, se solicita que anoten sus reflexiones.

Actividad 3: Reconocemos y comprendemos emociones en los rostros de otras personas

Se proyectan rostros de personas, pidiendo a los(as) participantes que imaginen que son sus estudiantes, apoderados o colegas. Ante cada uno de ellos se solicita expresar cuál(es) es(son) la(s) emoción(es) que está experimentando y además cuál es la situación que la(s) provoca(n)

Se realiza una discusión grupal respecto a la experiencia vivida

Propuesta para la reflexión

Se invita a dialogar y compartir impresiones respecto del reconocimiento de emociones en base a las siguientes preguntas:

📝 ¿Qué reflexión puedo hacer respecto de las emociones que reconocí en las canciones o rostros?

📝 ¿Qué reflexión puedo hacer al contrastar mi reconocimiento de emociones con el realizado por mis colegas? ¿Cómo lo conecto con mi vida personal y profesional?

📝 ¿Qué aspectos ayudan o facilitan el reconocimiento de las emociones en los demás?

CAPÍTULO 2

¿CÓMO REGULAR NUESTRAS EMOCIONES?

Activación de conocimientos previos-enganche

Se solicita que sigan instrucciones y se realiza un modelaje en relación a tipos de respiración consciente.

- 🌸 *Oliendo las flores: Podemos usar flores, frutas, aceites o cualquier objeto con aroma para simplemente inhalar profundo por la nariz (suave y lentamente) para sentir el olor y luego botar el aire por la boca con el sonido de "ahhhh". Variante: podemos jugar a descubrir olores con los ojos tapados.*

- 🎈 *Respirar con ritmo: Inhalamos contando 1, 2, 3, 4; hacemos una pausa contando 1,2; exhalamos botando el aire contando 1, 2, 3, 4. Podemos ir variando el tiempo que usamos para inhalar y exhalar.*

- 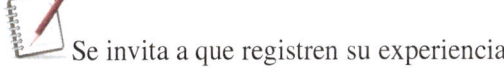 *Inspeccionando el aire (como sabueso): Hacemos tres inhalaciones cortas; hacemos una pausa; exhalamos botando todo el aire suavemente. Tratamos de sentir los aromas que están presentes.*

📝 Se invita a que registren su experiencia

👥 Luego compartan sus ideas y sensaciones, en base a la pregunta ¿En qué momento recomendaría la utilización de alguno de los tipos de respiración consciente?

Encuadre teórico

Según Rafael Bisquerra (2007), **la regulación emocional es la capacidad para manejar las emociones de forma apropiada**. Supone tomar conciencia de la relación entre emoción, cognición y comportamiento; tener buenas estrategias de afrontamiento; capacidad para autogenerar emociones positivas, etc. Se entiende como un proceso a través del cual los individuos modulan sus emociones y modifican su comportamiento para alcanzar metas, adaptarse al contexto o promover el bienestar tanto individual como social (Eisenberg y Spinrad, 2004; Gross, 2008; Robinson, 2014; Thompson, 1994).

Se puede contribuir favorablemente a la autorregulación promoviendo que la persona desarrolle procesos a través de los cuales observa y se hace consciente de lo que está sucediendo a cada instante en su cuerpo y en su mente, aceptando las experiencias que se van presentando tal y como éstas son (Hervás et al., 2016).

En relación a cómo se puede favorecer la regulación de las emociones a partir del cuerpo, se habla de dos tipos de actividades: las de liberación energético-emocional y las de quietud. Las primeras hacen referencia a movilizar el cuerpo, como por ejemplo correr, saltar, bailar. Las segundas aluden a actividades contemplativas, como meditación, tipos de respiración, pintar. En función de la persona y el momento, será más adecuado llevar a cabo una u otra. Lo relevante es disponer de un amplio abanico de posibilidades para, cuando sea necesario, poder implementar alguna de ellas (Koole, 2010).

Actividades prácticas

Actividad 1: Meditación del arcoíris.

Se pide a los participantes que sigan las instrucciones del texto, dadas en esta imaginería y luego registren y comenten su experiencia. *Se puede utilizar música suave de fondo*.

"Nos sentamos apoyando bien los pies en el suelo; los brazos colgando a los costados; espalda derecha. Invitamos a cerrar los ojos y practicamos la respiración profunda por unos instantes:

- Inhalamos contando hasta 3 y luego exhalamos contando hasta 3.

- Al inhalar, inhalamos energía, amor, alegría y paz que entran y se expanden dentro de nuestro cuerpo.

- Al exhalar, imaginamos que cualquier emoción o sensación negativa, desagradable, destructiva (tristeza, aburrimiento, enojo, cansancio) sale por nuestra nariz en la exhalación, abandonando nuestro cuerpo y desapareciendo.

Siente como tu cuerpo se vuelve cada vez más liviano… más ligero. Imagina los colores del arcoíris. Siente como si tu cuerpo estuviera hecho de arcoíris con todos sus colores.

Lentamente, comienzas a enviar el color **rojo**. Todo tu cuerpo se vuelve de color rojo. Siente que envías energía y fuerza. Estás lleno de energía y fuerza.

Lentamente, ahora comienzas a enviar color **naranjo**. Todo tu cuerpo se vuelve de color naranjo. Siente que envías felicidad y alegría. Está lleno de felicidad y alegría.

Lentamente, empiezas a enviar el color **amarillo**. Todo tu cuerpo se vuelve de color amarillo. Siente que envías inteligencia y sabiduría. Estás lleno de inteligencia y sabiduría.

Lentamente, empiezas a enviar el color **verde**. Todo tu cuerpo se vuelve de color verde. Siente que envías armonía y amistad. Estás lleno de armonía y amistad.

Con toda calma, ahora vas a enviar el color **azul**. Todo tu cuerpo se vuelve de color azul. Siente que envías paz. Estás lleno de paz.

Lentamente, empiezas a enviar el color **azul oscuro** y profundo (índigo o añil). Todo tu cuerpo se vuelve de azul oscuro y profundo (índigo o añil). Siente que envías amabilidad y bondad. Estás lleno de amabilidad y bondad.

Con suavidad, vas a enviar el color **violeta**. Todo tu cuerpo se vuelve de color violeta.

Siente que envías belleza y respeto por ti y por otros. Estás lleno de belleza y respeto por ti y por otros.

Eres un arcoíris, tus colores se expanden hacia todas partes, en todas las direcciones.

Siente como eres cada vez más y más grande, tus colores se expanden cada vez más, llenando toda este lugar, luego toda la ciudad y el país hasta abarcar todo el planeta.

A medida que expandes, irradias y envías todos los colores, también envías energía, felicidad, sabiduría, amistad, paz, amabilidad y belleza. Te expandes todavía más y te vuelves más grande… enorme… inmenso. Tus colores abarcan todo el universo… todo el espacio. Eres tan grande como el universo entero y tus colores de luz iluminan en todas las direcciones del espacio.

Lentamente, todos los colores se transforman en una corriente de luz blanca. Esta luz blanca fluye ahora desde tu cabeza hasta el centro de tu corazón. Siente toda esta luz blanca entrando en tu corazón."

Fuente: - Guided Meditation for Primary Students / www.buddhanet.net

Propuesta para la reflexión

Se invita a dialogar y compartir impresiones en base a las siguientes preguntas

¿Qué sensaciones experimenté con los ejercicios de respiración consciente?

¿Qué emociones experimenté al realizar la meditación del arcoíris?

Actividad 2

Enfocarse en positivo. La clarificación de pensamientos limitantes.

Se entrega a cada participante una ficha con una situación posible de vivir en el contexto escolar, se solicita que analicen la situación presentada

Durante el desarrollo de la clase el profesor descubre que se ha roto el cristal de una ventana, probablemente como consecuencia de la mala conducta de un alumno. El docente pregunta quién ha sido, diciendo que si el culpable no aparece, toda la clase tendrá que pagar su reparación, además de sufrir otros castigos. Un grupo de alumnos sabe quién es el responsable, pero deciden no decir nada, porque el alumno causante del problema es amigo de ellos, y no quieren ser acusados de "soplones" ni "traidores". Además, quieren evitarse los problemas y molestias que les causaría su confesión. En consecuencia, el profesor piensa que todo el curso debe ser castigado.

En relación a la situación analizada complete la ficha indicando ¿Qué pensaría?, ¿Qué sentiría?, ¿Qué haría? cada uno de los siguientes actores

	¿Qué piensa?	¿Qué siente?	¿Qué hace?
Dirección			
Otro(a) profesor(a)			
Estudiante			
Apoderado(a)			

Al interior del grupo se invita a compartir las opciones planteadas individualmente y responder la pregunta ¿Qué conclusiones obtenemos de esta actividad?

Encuadre teórico

Los pensamientos surgen de esquemas cognitivos, que se encargan de organizar la información que proviene del ambiente (Beck, 1995). Aunque esta operación se ejecuta de forma automática, como una especie de atajo que facilita el procesamiento de información, también se pueden producir errores en la interpretación, generándose así las denominadas distorsiones cognitivas, de las cuales las más comunes según Mckay et al. (1988) son:

- el **filtraje** (centrarse en lo negativo), que se entiende como una visión de túnel, percibiendo solo ciertos aspectos de un acontecimiento, sesgando la interpretación del contexto.
- la **polarización** (pensamiento del todo o nada), visualizado en la inclinación a predecir conclusiones extremistas, con posibilidades opuestas, sin tener evidencias al respecto.
- la **sobregeneralización** (sacar una conclusión general en base a un hecho puntual), hace referencia a las conclusiones que surgen de un solo hecho en particular, desplazándolas como explicación a otras situaciones aisladas, sin evidencia que lo respalde.
- la **lectura mental** (adivinación del pensamiento de otras personas), se refiere a la obtención de conclusiones acerca de los sentimientos e intenciones de otros, sin evidencia alguna de ello.
- el **catastrofismo** (esperar siempre lo peor), consiste en la predisposición a extraer posibles conclusiones desastrosas, sin que existan datos reales que lo evidencien.
- la **falacia de control** (creerse responsable de todo o de nada), se describe como el excesivo control ejercido sobre diversos acontecimientos, oscilando entre creencias de alto control o extremos de ningún control.
- el **razonamiento emocional** (tomar las emociones como prueba de la verdad), se evidencia en el hecho que los pensamientos están determinados por el estado afectivo intenso del momento.
- la **personalización** (considerarse el centro de todo), se visualiza en la atribución o culpabilizarse de hechos ocurridos en el entorno, sin evidencia suficiente.
- el **etiquetaje** (poner etiquetas a partir de un aspecto concreto), consiste en el etiquetamiento erróneo y generalizado a hechos del entorno y a otras personas, generando una visión inflexible del mundo.
- la **culpabilización** (empeñarse en buscar culpables) surge al atribuirse responsabilidades o acontecimientos a sí mismo o a otros, sin que exista evidencia que lo soporte.
- los **debería** (negarse a lo que ocurre), se caracterizan por el desarrollo de normas rígidas y autoexigentes sobre cómo deberían ser las cosas.
- el **tener la razón** (necesitar probar continuamente que el punto de vista propio es el correcto), ocurre cuando hay una tendencia a probar y reafirmar convicciones

propias, frente a situaciones en que se cree tener la razón, sin importar otro tipo de argumentación.

- la **falacia de la recompensa divina** (creer que todo el sacrificio y el esfuerzo será recompensado), consiste en la búsqueda de retribución a partir de comportamientos percibidos como correctos y que aparentemente son merecedores de este premio divino.

La mirada reflexiva sobre estos errores del pensamiento, permite darse cuenta que los pensamientos se pueden modificar o al menos flexibilizar y que la fuerza de la creencia no aumenta la veracidad de dichos pensamientos, hecho que facilita el camino de la inteligencia emocional.

Actividad práctica

Se presenta impresa o se proyecta una infografía que muestra las distorsiones cognitivas más comunes, se explica brevemente cada una de ellas y se solicita a los(as) participantes dar ejemplos de cada tipo de distorsión desde la perspectiva personal o profesional.

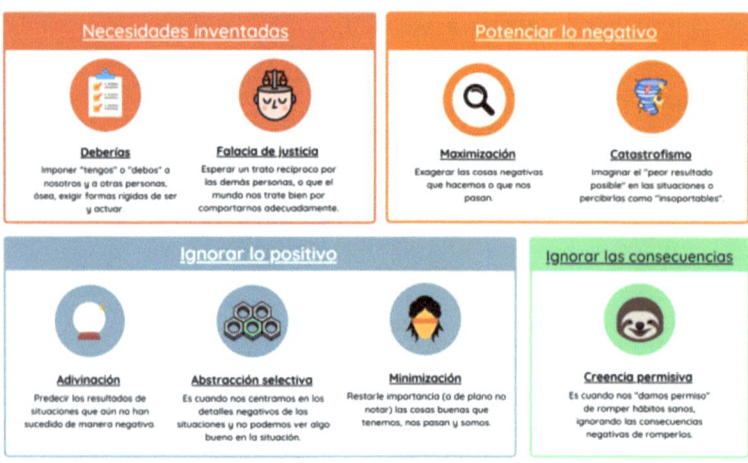

Fuente: Adaptado de https://psicarlosmorales.com/que-son-las-distorsiones-cognitivas/

Propuesta para la reflexión

Se pide que respondan a las siguientes preguntas

¿Qué posibles distorsiones cognitivas son más frecuentes en mí?

Una vez que he reconocido la(s) distorsión(es), ¿qué puedo hacer?

¿Qué dificultades detecto en mi capacidad de reconocer mis distorsiones cognitivas?

¿Qué dificultades detecto en mi capacidad de modificar mis distorsiones cognitivas?

CAPÍTULO 3:

BUSCANDO MI MEJOR VERSIÓN PARA ALCANZAR LA AUTONOMÍA EMOCIONAL

Activación conocimientos previos-enganche

Se realiza la lectura del cuento "Algún lugar" a todo el grupo

ALGÚN LUGAR

Hace ya muchos años, en los vastos dominios del espacio, nació un planeta. Era una gran masa de tierra rodeada de océanos. Su nombre era Algún Lugar.

Algún Lugar estaba acosado por terribles problemas, tanto internos como externos. Sus tribus combatían encarnizadamente, sufría terremotos y huracanes y tenía volcanes en erupción que iban modificando su geografía constantemente. La imagen de Algún Lugar, tal y como se reflejaba en el espejo celestial de su propia atmósfera, estaba cambiando continuamente; cuando se había acostumbrado a una forma, cambiaba a otra.

Esto era muy triste. Algún Lugar no sabía quién era.

Sus problemas externos incluían también meteoritos que iban estrellándose unos contra otros y cayendo sobre el planeta, destruyendo aún más los rasgos de Algún Lugar. Por no hablar de los problemas que tenía con las tres lunas que orbitaban en torno a él y los dos soles alrededor de los cuales, Algún Lugar giraba. Las tres lunas influían en sus mareas, empujando y atrayendo en varias direcciones y causando grandes inundaciones, maremotos y remolinos gigantes. Su órbita alrededor de los soles, en forma de ocho, provocaba que, por la noche, se congelase por el frío y de día, el calor lo abrasara.

Su existencia era imprevisible y caótica. Sólo había una cosa segura: la supervivencia era una lucha interminable. Algún Lugar había perdido la esperanza; sentía que no lo podía soportar, ya que no tenía la fuerza necesaria para resistir la terrible tensión, el constante «estira y afloja».

Los planetas son cuerpos solitarios; no pueden encontrarse unos con otros y, por lo tanto, aprender los unos de los otros. Tampoco pueden morirse sin más. ¿Qué podía hacer Algún Lugar?

En su desesperación miró hacia su interior. En lugar de estudiarse en el espejo de su atmósfera, se miró a sí mismo como nunca lo había hecho hasta entonces.

Vio partes familiares, como capas de tierra, pozos, arroyos y ríos subterráneos; cuevas y raíces vegetales; partes desconocidas como capas de carbón negro, depósitos de petróleo que fluían lentamente y filones de oro, plata y gemas brillantes. Y, debajo de todo esto, una zona estable y pesada que ni siquiera la tormenta más violenta podría mover, empujar o deformar. Era un poderoso imán y una fuente de energía. Algún Lugar nunca había conocido esa parte de sí mismo.

—¿Quién eres tú? —le preguntó.
—Yo soy tu núcleo.
—¿Y para qué sirves? —preguntó Algún Lugar.
—Soy para ti —dijo su núcleo—. Soy tu centro y te mantengo estable en tu sistema solar. Los problemas externos sólo se añaden a mi poder y energía. Ahora que por fin me has encontrado, podremos trabajar juntos para influir en lo que nos rodea y alcanzar nuestro destino.

—¿Por qué no me habías hablado antes? —preguntó Algún Lugar.
—No tenía voz —le contestó Núcleo— hasta que me encontraste. Sólo prestabas atención a tu mundo exterior; ahora estás empezando a fijarte en tus recursos interiores. Piensa en los tesoros de los que hoy te has dado cuenta por primera vez.

Eres mucho más rico de lo que jamás has pensado. Tus partes ocultas han estado trabajando contigo todo este tiempo. No estás solo.

Algún Lugar ocupó su espacio en el universo. Conocer su núcleo interior y sus recursos le permitió completar su viaje hasta su destino.

ADAPTADO DE UN ESCRITO DE CHANNAH CUNE. Fuente: Soler y Conangla, (2014). Aplícate el cuento. Editorial Amat

¿Qué mensaje me entrega este cuento?

¿Qué aspectos del cuento me hacen sentido en mi vida personal?

Encuadre teórico

Las fortalezas de carácter para Peterson y Seligman (2004) son aquellos rasgos personales positivos que un individuo posee, celebra y ejercita frecuentemente, que se vinculan con la identidad de la persona y la concepción de quien es, y no pueden ser analizadas de manera separada del contexto. Las investigaciones han evidenciado que las personas cuentan con 5 a 7 fortalezas particulares (Peterson y Seligman, 2004; Mayerson, 2013), que son consideradas como centrales o esenciales para la forma de ser de la persona.

A partir de lo planteado por Niemec (2018), las fortalezas de carácter proveen un lenguaje común para describir lo que es mejor en los seres humanos, comprendiendo el carácter desde un punto de vista dimensional en vez del categórico. La dimensionalidad se refiere a que el carácter es visto en grados, lo que contrasta con el método categórico que busca diagnosticar los trastornos psicológicos o enfermedades médicas, en el que un individuo cumple o no ciertos criterios , es decir, la persona tiene el trastorno o enfermedad, o no lo tiene. Desde esta perspectiva las fortalezas de carácter son en sí mismas multidimensionales; cada persona tiene más o menos de una fortaleza específica, que se expresa en grados variables según el contexto.

Además, las fortalezas de carácter son plurales, expresadas en cada persona en un perfil único de 24 elementos, a través de combinaciones y no de forma aislada, asociadas con diversos resultados positivos.

Actividad práctica Se presenta y comenta la siguiente información

VIRTUD		FORTALEZAS
Templanza: describe las fortalezas que te ayudan a administrar tus hábitos y te protegen contra los excesos.		**Humildad**: capacidad de ver tus puntos fuertes y talentos sin buscar ser el centro de atención o recibir reconocimiento. Piensas bien de ti mismo/a teniendo un buen sentido de quién eres, con conciencia también de tus errores e imperfecciones.
		Prudencia: capacidad de actuar con cuidado y cautela evitando riesgos innecesarios; planificación con el futuro en mente; capacidad de pensar antes de actuar.
		Perdón: capacidad de mostrar comprensión hacia otros que han cometido un error o te han hecho daño, dejando ir los sentimientos de frustración, decepción y resentimiento. No significa olvidar o reconciliarse, sino olvidarse de la venganza.
		Autorregulación: capacidad de adecuar tus acciones y tus emociones al contexto. Muestras alto nivel de confianza en tus capacidades y en el logro de tus objetivos.

VIRTUD	FORTALEZAS
Sabiduría: describe las fortalezas que te ayudan a recopilar y usar el conocimiento.	**Perspectiva:** capacidad de ver las situaciones desde una mirada más amplia, más general, sin quedarse entrampado en los detalles.
	Juicio: capacidad de considerar todos los aspectos de manera objetiva al tomar decisiones, incluidos los argumentos que están en conflicto con tus propias convicciones. Esta fortaleza desarrolla el pensamiento crítico, analizando todos los puntos de vista antes de sacar conclusiones.
	Curiosidad: capacidad de buscar situaciones para obtener nuevas experiencias, ideas y actividades y también el deseo natural de adquirir más conocimientos.
	Amor por el aprendizaje: deseo constante de aprender y profundizar en los conocimientos y habilidades de manera significativa, solo por el placer de hacerlo.
	Creatividad: capacidad que tienes de pensar en nuevas maneras de hacer cosas, producir ideas o conceptos originales. Además, es la capacidad de adaptarse a nuevas situaciones.

VIRTUD	FORTALEZAS
Justicia: describe las fortalezas que te ayudan a conectarte en situaciones comunitarias o grupales.	**Ecuanimidad:** capacidad de tratar a todos de manera justa, siendo capaz de dejar de lado los sentimientos al tomar decisiones respecto de otros. Además, incluye la empatía y compasión al ponerse en el lugar de otros.
	Trabajo en equipo: capacidad de contribuir cuando se trabaja en grupo, para el buen resultado de todos, ya sea la familia, el trabajo, la comunidad, los amigos, etc. Hay un sentido de responsabilidad social y mucha lealtad.
	Liderazgo: tendencia a organizar y animar a un grupo para lograr un objetivo, junto a mantener buenas relaciones dentro del grupo. También es la capacidad de inspirar a otros con mensajes positivos.

VIRTUD	FORTALEZAS
Coraje o Valor: describe las fortalezas que te ayudan a ejercer tu voluntad y enfrentar la adversidad.	**Valentía:** capacidad de actuar según tus convicciones y de enfrentar amenazas, desafíos, dificultades y dolores, a pesar de tus dudas y temores, aun cuando estas acciones no sean populares.
	Perseverancia: capacidad de sostener la tarea hasta conseguir tus metas y objetivos, a pesar de los obstáculos, desalientos, o decepciones. Es terminar lo empezado. Refleja una gran capacidad de organización.

		Honestidad: capacidad de hablar con la verdad, de manera genuina y sincera, sin pretensiones, asumiendo la responsabilidad de tus sentimientos y acciones. Es ser una persona consistente e íntegra en diferentes ámbitos de la vida.
		Entusiasmo: capacidad de enfrentar las situaciones o la vida en general con energía y con todo el corazón. Vivir la vida como una aventura.

VIRTUD		FORTALEZAS
Humanidad: describe las fortalezas que se manifiestan en las relaciones afectivas con los demás. Estas fuerzas son interpersonales y son en su mayoría relevantes en las relaciones uno-a-uno.		**Amor:** alto grado de valoración de las relaciones cercanas y la capacidad de contribuir a la cercanía con otros a través del afecto genuino. Capacidad de recibir afecto de los demás.
		Amabilidad: capacidad de servicio, generosidad y empatía. Implica una actitud compasiva entendiendo el sufrimiento de otros.
		Inteligencia social: capacidad de estar conscientes de los motivos y sentimientos de los otros y de uno mismo, mostrando una gran capacidad de adaptación a diferentes situaciones sociales, sintiéndote cómodo/a con todo tipo de personas.

VIRTUD	FORTALEZAS
Trascendencia: describe las fortalezas que te ayudan a conectarte con el universo más grande y a proporcionar significado a tu vida.	**Humor:** capacidad de reconocer lo que es divertido en diferentes situaciones, y ofrecer un lado más ligero a los demás. Es un lubricante importante para las interacciones sociales y puede contribuir a la formación de equipos.
	Esperanza: capacidad de tener expectativas positivas sobre tu futuro. Involucra pensamientos optimistas y un foco favorable hacia tu vida. Es más que una emoción, ya que se orienta a la acción para lograr objetivos con confianza en que estos pueden ser alcanzados, y la creencia de que hay muchos caminos para ello.
	Gratitud: capacidad de sentir y expresar aprecio por lo que has recibido en tu vida, ya sea por cosas específicas, actos concretos o por la contribución de otra persona. Implica tener una alta conciencia de todo lo que se ha recibido.
	Espiritualidad: capacidad de conexión con lo sagrado, con algo más grande que tú, que puede ser a través de una religión o no. Si muestras esta fortaleza significa que tienes presente un sentido de vida, vives la creencia de que existe una dimensión de la vida que está más allá de la comprensión humana.
	Aprecio por la belleza y la excelencia:

		capacidad de notar y valorar lo bello, un desempeño extraordinario en todos los ámbitos de tu vida, desde la naturaleza, la ciencia, el deporte, o incluso en experiencias pequeñas de cada día. Si tienes esta fortaleza altamente desarrollada, tienes una gran capacidad de observación y asombro.

Se solicita a los(las) participantes que completen las siguientes figuras:

Mis cinco fortalezas distintivas son:

Las cinco fortalezas que deseo trabajar para desarrollarlas un poco más

📝 Me propongo como desafío una acción específica que me permita potenciar estas fortalezas.

Propuesta para la reflexión

📝 ¿Se presentaron dificultades para reconocer mis virtudes y fortalezas? ¿Por qué?

💬 ¿Qué tipo de dificultades manifiesta el grupo en relación al reconocimiento de sus fortalezas?

CAPÍTULO 4:

COMPETENCIAS SOCIALES PARA MI VIDA PERSONAL Y PROFESIONAL

Activación conocimientos previos-enganche

Dinámica Casa, Árbol, Perro

Se propone a los integrantes del grupo realizar una actividad de a dos. Cada dupla deberá cumplir con un objetivo. En caso de que el grupo esté compuesto por una cantidad impar de personas, se deberán formar parejas con una única excepción porque deberán realizar la actividad de a tres.

Se le solicita a cada dupla que tomen asiento alrededor de una mesa, sobre la que hay una hoja y un lápiz, uno frente al otro. Se le explica que sin hablar, las dos personas deberán tomar un único lápiz y dibujar sobre la hoja una casa, cuando ha transcurrido un breve tiempo se pide dibujar un árbol (reiterando la indicación de no hablar) y posteriormente se pide dibujar un perro (insistiendo en la consigna de no hablar).

Se puede complementar la actividad solicitando que una vez que concluyan el trabajo deberán firmarlo con un nombre artístico. Luego, se rotan los trabajos de tal manera que cada dupla califique el trabajo de alguna de las otras duplas.

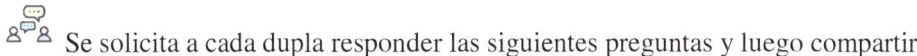 Se solicita a cada dupla responder las siguientes preguntas y luego compartir.

¿Pudimos completar este trabajo y alcanzar el objetivo? Si no fue así, ¿qué nos faltó y por qué creemos que no llegamos a finalizar la tarea?

¿Con qué facilidad o dificultad dibujamos en común con el lápiz en las diversas duplas? ¿Hubo determinadas situaciones en las que se notó tirantez? ¿Y cómo solucionamos esa "tirantez"?

¿Ha sido sólo uno(a) quien lideró los trazos con el lápiz o fue intercambiando el rol de líder? ¿Cómo se sienten los que no lideraron en ningún momento el trabajo? ¿Y está mal no ser líder nunca? ¿Y ser líder siempre? ¿Qué puede suceder si los dos quieren ser líderes o ninguno de los dos quiere asumir ese rol?

Encuadre teórico

La escuela conforma por sí misma, un espacio social que se forma, crece y desarrolla en interacción. La socialización de la escuela, no solo implica un proceso recreativo y lúdico, sino que constituye la base de la construcción del orden social, como espacio de intercambio y movilización del conocimiento, convirtiéndose así en un marco privilegiado en que se crea y recrea la cultura. Durante la socialización, se transfieren los valores, conocimientos y actitudes que guían el comportamiento y la toma de decisiones. La interacción social influye de manera importante en la subjetividad, en la construcción de identidades y en la salud mental y, por extensión, repercute en el ámbito económico, político y social del mundo (Pérez-Mora y Moreno, 2021).

Un rasgo característico de las escuelas es que se constituyen como agentes socializadores por excelencia, puesto que en ellas ocurren gran parte de las interacciones sociales de quienes conforman la comunidad educativa. En este sentido la figura del docente es clave (Díaz, 2014; Ramírez, 2011; Cuadra, Salgado, Lería y Menares, 2018) dado que las escuelas son espacios valiosísimos de interacción interpersonal y de convivencia, por tanto, pueden ser comprendidas como espacios de formación idóneo para el cuidado de la salud mental y el desarrollo de las habilidades socioemocionales de estudiantes, docentes y asistentes de la educación, acrecentando de esta manera la formación integral que mandata la Ley General de Educación en Chile. Sin embargo a primera vista, pareciera que los recursos emocionales y las estrategias que despliegan los diferentes actores de la comunidad educativa, que podrían promover el desarrollo integral de los estudiantes, dependen casi en exclusiva de sus habilidades individuales (Castro y Castro, 2022).

Cornejo y Cabezas (2016), señalan que los ambientes de aprendizaje sustentados en relaciones humanas, actividades interpersonales, el ejercicio de autoridad del docente, el abordaje de conflictos, la promoción de vínculos saludables, la lectura emocional, la escucha y el valor de empatizar con el otro, dependen de las competencias socioemocionales del adulto que ejerce el rol pedagógico y se relacionan con la motivación de los estudiantes frente al aprendizaje y al rendimiento académico. Medina (2019) en Muñoz (2019), en esta misma línea, señala además que el bienestar emocional del docente es crucial, puesto que es una profesión en la cual el núcleo del quehacer es la relación y el trabajo con personas en proceso de desarrollo. Además la labor docente, supone la toma de decisiones pedagógicas que implica liderar y gestionar actividades en aulas heterogéneas, incidentes críticos, entre muchas otras cuestiones, donde las emociones juegan un papel muy importante.

Actividad práctica

Ponte en mi lugar

La actividad combina el desarrollo de tres habilidades ligadas entre sí: empatía, resolución de conflictos y toma de decisiones en conjunto.

Se conforman grupos de 5-6 personas. Caja participante recibe una hoja en la que escribe una situación que le ha sido difícil de afrontar y resolver. A continuación se reparten las hojas de manera que ninguno(a) tenga la hoja original. Cada persona lee detenidamente el problema y explica o escribe en la hoja cómo abordaría la situación. Luego de la lectura/explicación dada por cada participante, se abre la posibilidad que otros(as) planteen alternativas y se explora la posibilidad de llegar a acuerdos sobre la manera más realista y práctica de abordar la situación.

Resolución de conflictos   Se solicita al grupo que durante 15 minutos organice una salida, definiendo aspectos como el lugar, los recursos, el tiempo de estadía, fechas, medio de transporte, actividades a realizar, etc. Es importante que esta actividad no se realice de un modo ficticio.

¿Logramos estructurar una propuesta satisfactoria para la mayoría? Explique

¿Surgieron dificultades durante esta actividad? ¿Cuáles?

Propuesta para la reflexión

¿Qué conclusiones se obtienen en relación a los conflictos y su resolución?

CAPÍTULO 5:

ALCANZANDO EL BIENESTAR EN NUESTRA VIDA

Activación conocimientos previos-enganche

Se entrega a cada participante un esquema que representa una línea de tiempo personal

BIOGRAFÍA DEL BIENESTAR PERSONAL

AÑO DE NACIMIENTO → AÑO ACTUAL

Luego se invita a escribir o dibujar los momentos o situaciones más alegres o placenteros de su vida, que les hayan proporcionado bienestar, indicando el año o fecha aproximada cuando sucedió.

 ¿Qué significó para mí el recordar momentos de bienestar?

 ¿Qué quisiera compartir de esta experiencia?

Encuadre teórico

En un mundo que cada vez se ha vuelto más cambiante, complejo y diverso, son fundamentales las habilidades sociales y emocionales para la participación de la persona en sociedad. Estas habilidades se han relacionado con una serie de indicadores de bienestar individual y social, tales como educación y éxito académico, empleo e ingresos, salud y autocuidado (Chernyshenko, Kankaraš, y Drasgow, 2018). Por ello es que cuando se habla de bienestar se hace referencia a un constructo amplio que incluye diferentes dimensiones, como las sociales, las personales y las psicológicas, además de comportamientos asociados a la salud en general, que llevan a las personas a funcionar de manera positiva. Esto también se relaciona con el modo en que las personas afrontan a diario los retos que se encuentran en sus vidas, aprendiendo de ellos y vinculando su existencia a un sentido de la vida.

Seligman (2003) considera el bienestar como un estado en que las personas logran su óptimo desarrollo, siendo factores claves el aumento de las emociones positivas, el cultivo de relaciones sanas y significativas, el abocarse a un propósito o sentido de vida, el desarrollo de las propias fortalezas en actividades intrínsecamente satisfactorias, el poder tener un sentido de competencia o autoeficacia en los ámbitos que nos importan y el cuidado de la salud física y mental. Todos estos factores factibles de cultivar, trabajar y sobre los que podemos tomar decisiones sanas y responsables.

El Modelo Multidimensional del Bienestar Subjetivo, propone que el funcionamiento psicológico estaría conformado por una estructura de seis factores: autoaceptación, crecimiento personal, propósitos de vida, relaciones positivas con otros, dominio medio ambiental y autonomía (Ryff y Keyes 1995), sugiriendo que el significado o la experiencia subjetiva de bienestar cambia a lo largo de la vida. Su óptimo desarrollo implica que la persona se detiene a observar su proceso de vida, a apreciar sus características tanto positivas como negativas, evidenciando que posee una valoración positiva de su historia individual y que es capaz de anticiparse y comprometerse con nuevas metas para su crecimiento.

1. **Autoaceptación** es importante para el funcionamiento positivo, dado que quienes tienen una alta autoaceptación se caracterizan por una actitud positiva hacia sí mismas, aceptando los diferentes aspectos de su personalidad, incluidos los negativos, sintiéndose bien incluso con su pasado. Por el contrario, las personas que tienen una autoaceptación baja, se sienten insatisfechas consigo mismas y decepcionadas con su pasado.

2. **Relaciones positivas** se vincula con las relaciones de calidad que se tienen con los demás, el rodearse de gente a quien se puede amar y con quien se puede contar. De acuerdo a esto, la soledad y el aislamiento social incrementan las probabilidades de sufrir enfermedades y disminuyen la esperanza de vida, mientras que las personas con puntuaciones altas en esta dimensión tienen relaciones satisfactorias, cálidas y de confianza; además, se preocupan por el bienestar de los demás y sienten empatía, intimidad y amor, entendiendo el proceso de dar y recibir. En el otro extremo, quienes obtienen puntuaciones bajas, no tienen relaciones cercanas y tienen dificultad para ser abiertos, cálidos y preocuparse por otros.

3. **Propósito en la vida.** Las personas necesitan vivir en función a objetivos y metas. Quienes obtienen puntuaciones altas en esta dimensión, siguen sueños, metas, objetivos y sienten que su vida se dirige hacia alguna parte; además consideran que su presente y su pasado no carecen de significado, sino que conservan creencias que le dan un sentido a su vida. En tanto que quienes tienen puntuaciones bajas sienten que sus vidas no tienen sentido y que no van a ningún lado, no tienen creencias que generen sentido a sus vidas, también tienen pocas metas.

4. **Crecimiento personal**, consiste en sacar el mayor provecho de los talentos y habilidades propias, haciendo uso para ello de todas las capacidades y potencialidades, permitiendo que la persona crezca en medio de las dificultades. Quienes obtienen puntuaciones altas en esta dimensión sienten que están en un crecimiento continuo y abiertos a nuevas experiencias, deseando desarrollar su potencial. Quienes obtienen puntajes bajos se sienten atascados, sin sentir que mejoran, se sienten aburridos y con poca motivación, incapaces de desarrollar nuevos comportamientos y habilidades.

5. **Autonomía** es la sensación de elegir por sí mismo, tomar sus propias decisiones, incluso si van en contra de la opinión de la mayoría. Quienes tienen autonomía pueden resistir a la presión social y regular sus comportamientos, son más independientes y no se dejan dirigir fácilmente por otros. En cambio, quienes tienen baja autonomía se preocupan por las expectativas de los demás y se dejan influir por otros, por lo que deciden con base a la opinión de terceros.

6. **Dominio del entorno** se refiere al manejo de las oportunidades y exigencias del ambiente para satisfacer las capacidades y necesidades. Quienes tienen un alto dominio del entorno sienten mayor control sobre el mundo y se sienten capaces de influir en su ambiente, mientras que quienes tienen un bajo dominio suelen tener dificultades para manejar los asuntos de la vida diaria y se sienten incapaces de cambiar o mejorar su entorno.

En este modelo el nivel de desarrollo de cada área o dimensión no necesariamente es estable en todo momento. El modelo concibe las fluctuaciones y las diferencias en el proceso de maduración, por lo que la persona puede identificar fortalezas en cada área mientras desarrolla otras.

Actividad 1

Se presenta una tabla que explica el modelo de bienestar psicológico de Carol Ryff, con las seis capacidades para el funcionamiento positivo.

Modelo multidimensional de bienestar psicológico.

Carol Ryff (1989, 2018)

CAPACIDAD	ÓPTIMO FUNCIONAMIENTO	BAJO FUNCIONAMIENTO
1. Autonomía	Implica la posesión de una adecuada independencia social y la posibilidad de actuar con libre determinación. Refiere a la capacidad de ponderar correctamente las demandas sociales y de actuar en función de normas personales.	Una persona que carece de autonomía manifestará una preocupación excesiva por las expectativas y las evaluaciones de los demás. Se ajustará a las presiones sociales para pensar y actuar.
2. Dominio del entorno	Implica poseer un sentido de competencia y dominio frente al medio ambiente. Requiere tener el control de un conjunto de actividades externas, hacer uso efectivo de las oportunidades, elegir o crear contextos adecuados a las necesidades y valores personales.	Una persona que carece de dominio del entorno tendrá dificultades para manejar asuntos cotidianos, se sentirá incapaz de cambiar o mejorar el contexto que lo rodea, no será consciente de las oportunidades del ambiente y sentirá que en lo absoluto tiene control sobre el mundo exterior.
3. Crecimiento personal	Muestra una persona que tiene una sensación de continuo desarrollo personal. Observa y percibe su crecimiento y	Las personas que no cultivan su crecimiento personal tienen un sentimiento de estar estancados/as, carecen

		expansión, está abierta a nuevas experiencias y es capaz de reconocer su propio potencial.	de un sentido de mejora y se sienten desinteresados con la vida. Se consideran incapaces de desarrollar nuevas actitudes o comportamientos.
	4. Relaciones positivas con otros/as	Refiere a una persona que siente satisfacción frente a estar con otros/as. Establece relaciones cálidas y de confianza con los demás. Se ocupa por el bienestar del otro, tiene capacidad empática y establece relaciones humanas positivas.	Son personas que tienen una débil capacidad de establecer relaciones positivas con otros/as, no establecen relaciones de confianza, les resulta difícil ser cálidos, abiertos y atentos con los otros/as. Se aíslan y se frustran en las relaciones interpersonales y por lo general no están dispuestos a generar compromisos para mantener vínculos.
	5. Propósito en la vida	Implica una persona que tiene metas claras y un sentido de dirección en sus objetivos. Existe coherencia entre su vida presente y pasada. Posee creencias que dan propósito a la vida.	Las personas que no tienen un propósito en la vida poseen algunas metas u objetivos, sin embargo, carecen de dirección y no encuentran el propósito de lo pasado.
	6. Autoaceptación	Implica poseer una actitud positiva hacia sí mismo. Reconocer y aceptar los múltiples aspectos de uno mismo	Las personas que carecen de autoaceptación se sentirán insatisfechas consigo mismas, y

		con cualidades positivas y negativas. Requiere realizar la integración de los elementos propios del pasado.	decepcionadas con lo ejecutado en la vida. Se preocuparán de ciertas cualidades personales y querrán ser muy diferentes a lo que actualmente son.

Fuente: Dávila y Leal (2019). Historias de bienestar: taller para docentes escolares

¿Qué importancia tienen estas dimensiones del bienestar para la labor de un/a docente?

¿Cuál(es) de estas dimensiones considero importantes para mi labor como docente? ¿Cómo podría continuar desarrollándola(as)?

Actividad 2

El Velero

Se entrega un dibujo de un velero a cada participante. Se le indica que en algunos minutos piensen en que su vida ha sido como un viaje en un velero y que reflexionen sobre cómo ha sido su trayectoria, pasando por distintos momentos que los marcaron y fueron llevándolos al momento en que se encuentran hoy.

¿Cómo ha sido este viaje?¿Quiénes me han acompañado en este viaje?

¿Qué hechos han significado las mayores dificultades y por qué?

¿Qué momentos han sido decisivos para seguir adelante?

Luego, se solicita escribir o dibujar aspectos que ilustren lo indicado a continuación:

a) En el agua y en el casco del barco, cuáles han sido los hechos que han dificultado el viaje y deteriorado el bienestar.

b) En las velas los factores personales que promovieron la travesía y fortalecieron el bienestar. En líneas de viento cuáles fueron los aspectos contextuales que impulsaron a continuar el viaje.

Se recogen las hojas y se pegan en la pared (sin nombre de quien lo escribió). Luego se pide a los participantes que, en silencio, caminen leyendo estas hojas. Se comparte lo que más les llamó la atención y las principales reflexiones.

¿Qué reflexión me motiva esta actividad?

¿Qué obstáculos o facilitadores del bienestar vemos que están presentes en nuestra comunidad educativa?

Fuente: Adaptado de SENDA(2017). Manual de Promoción del Bienestar Docente en Establecimientos Educacionales.

Propuesta para la reflexión

¿Qué tareas debo emprender para contribuir al bienestar en mi comunidad educativa?

CAPÍTULO 6:

COMUNIDADES EMOCIONALMENTE COMPETENTES

Activación conocimientos previos-enganche

Dinámica el puente

Se explica la actividad a los(as) participantes y se les solicita que registren sus reflexiones en la ficha de la sesión.

Esta Dinámica grupal consiste en que todos los participantes deben cruzar un río imaginario sin mojarse (un espacio demarcado en un pasillo o en el patio). Se les entrega unas "piedras" para poder cruzar el río (pueden ser trozos de cartón o madera). Sin embargo, las piezas puestas una al lado de la otra no alcanzan para llegar al otro lado. Se divide a los(as) participantes en dos grupos; se explica que deben cruzar el río sin caer en él y que el equipo ganador es el que primero logre llegar a la otra orilla, lo que dependerá de la creatividad de los participantes.

Encuadre teórico

Transitar hacia una comunidad emocionalmente inteligente exige de un compromiso individual y grupal que se consigue en la medida que exista conciencia y voluntad por parte de la escuela. Conceptualmente, las comunidades de aprendizaje, similares en principios con las comunidades inteligentes emocionalmente, corresponden a propuestas de transformación educativa que buscan mejorar el aprendizaje y la convivencia escolar. En consecuencia, deben ser lideradas por el cuerpo docente de un centro educativo y asumidas por todos sus integrantes, equipos directivos, profesorado, personal administrativo, alumnado y familias.

Para formar una comunidad de aprendizaje, la escuela debe establecer sus necesidades y/o prioridades. En esta delimitación, se hace necesario realizar un diagnóstico basado en las fortalezas que permitan superar los desafíos que la escuela desea superar.

El Ministerio de Educación de Chile (2017), plantea que la transformación de un centro educativo en una comunidad de aprendizaje requiere de 6 pasos establecidos. El primero corresponde a la sensibilización, que requiere de la reflexión inicial que implique un convencimiento real. El segundo, implica la toma de decisión, para lo cual se necesita del compromiso de todo el establecimiento y la asignación de funciones de docentes y directivos. El tercero es el denominado sueño colectivo, en el cual se visualiza el centro educativo ideal. A partir de todos los sueños, se elabora una síntesis que integra la visión de todos sus integrantes, materializados en un sueño visible públicamente. El cuarto, de planificación y selección de prioridades, es aquel en que se seleccionan planifican y organizan las actuaciones educativas con el objetivo de convertir los sueños en situaciones reales. En este punto, se determinan los grupos responsables, es decir aquellos que deben tomar las decisiones sobre las actividades a desarrollar. El quinto, denominado implementación, constituye la fase de aplicación, desarrollado a partir de un proceso de experimentación e innovación a través de la acción y la reflexión constante de los cambios que se producen. Finalmente, el sexto de consolidación, se logra una vez que se ha realizado la transformación educativa y queda la capacidad instalada.

Como puede observarse, la conciencia sobre las necesidades a cubrir, la reflexión constante del cuerpo docente y la voluntad de trabajar para lograr los sueños, están a la base de las comunidades de aprendizaje, al igual que para conformar una comunidad emocionalmente inteligente.

La finalidad de las comunidades de aprendizaje es avanzar hacia escuelas que resuelven sus dificultades en base al diálogo, la comunicación y el consenso, siendo necesario para ello, contar con herramientas socioemocionales de base, que permitan a un centro educativo, promover el autocuidado docente y alcanzar unos niveles de bienestar subjetivo suficientes para sostener una convivencia sana entre sus miembros. Esto porque tanto las comunidades de aprendizaje como las comunidades emocionalmente inteligentes, tienen también unas finalidades comunes.

Actividad 1

Se entrega una infografía y se invita a dialogar en relación a lo vivido en la dinámica y su relación con lo señalado en la lámina

Fuente: https://www.fundacionttm.org/si-nos-unimos-nadie-cae/

 ¿Qué significó para mí esta actividad? ¿Cómo lo relaciono con la infografía?

 ¿Qué quisiera compartir de esta experiencia?

Actividad 2

Luego se presenta una segunda infografía y se invita a compartir impresiones en relación a lo que aparece en la lámina.

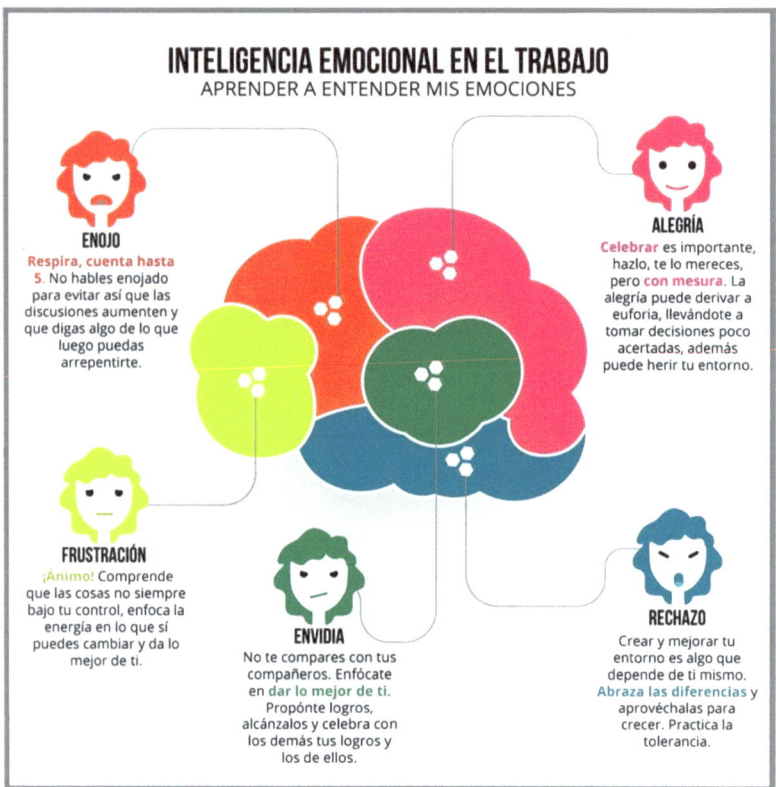

Fuente: https://ws168.juntadeandalucia.es/iaap/gestiondelconocimiento/el-valor-de-la-inteligencia-emocional-en-el-trabajo/

¿Cuál(es) de estas emociones compartimos en nuestra comunidad educativa?

¿Qué implicancias tienen para nuestro trabajo?

Propuesta para la reflexión

A partir de las experiencias vividas, ¿cómo puedo contribuir para que mi comunidad pueda ser emocionalmente inteligente?

REFLEXIONES FINALES

Desde su aparición en el campo de la psicología hasta su inmersión en el terreno educativo, el concepto de emoción ha sufrido un gran progreso, pasando a formar parte de la educación emocional, como una innovación pedagógica que pretende dar respuesta a las necesidades que habitualmente quedan abandonadas en la educación formal. En respuesta a estas necesidades es que ha surgido este texto como una aproximación a una tarea amplia y profunda.

Existe consenso en la actualidad que la educación emocional resulta clave para la formación de una personalidad integral, que además las competencias socioemocionales, como conocerse, gestionar las emociones y vincularse apropiadamente con los otros, pueden ser desarrolladas y tienen un impacto decisivo en la calidad de vida.

Sin embargo, tanto el desarrollo personal como la educación emocional están poco desarrolladas, o ausentes, en la mayoría de los currículums y programas de formación inicial docente (Costa-Rodríguez, Palma y Salgado, 2021), los que habitualmente se centran en lo cognitivo y lo técnico obviando lo emocional y por ello es que el profesorado declara que no cuenta con las herramientas necesarias para abordar esta importante área.

Se cuenta con evidencia aportada por la investigación científica acerca de la importante función que el desarrollo de las competencias emocionales ejerce no sólo sobre el alumnado sino también en los restantes miembros de la comunidad educativa en relación a la mejora de los aprendizajes, la motivación, la reducción de los episodios de conflictividad, la disminución de comportamientos de riesgo, la mejora del clima del aula, entre otros beneficios.

Como una contribución al desarrollo de estas competencias, este trabajo promueve la realización de procesos realizados en forma individual o grupal, a través de ejercicios prácticos y espacios reflexivos, entre docentes como protagonistas, de manera que la escuela se convierta en una comunidad emocionalmente inteligente.

Está claro que la educación emocional no se trabaja del modo que es requerido, ya que no es suficiente la realización de algunas actividades de modo aislado. Es necesario un trabajo intencional, sistemático y efectivo a través de un conjunto organizado, coherente e integrado de actividades articuladas entre sí con un propósito común. En ese sentido va el aporte de esta propuesta, con el compromiso de un avance y fortalecimiento en una dimensión demasiado relevante para la educación, como lo es la emoción en los procesos formativos.

BIBLIOGRAFÍA

Beck, A.T. (1995). Cognitive therapy: basics and beyond. New York: Guilford Publication

Bisquerra, R. (2016). 10 Ideas Clave. Educación emocional. Editorial Graó

Castro, S. y Castro, L. (2022). Promoción de la salud mental en una escuela municipal chilena: los hallazgos del proyecto AME (Aprendizajes Mentales Emocionales). Estudios Pedagógicos XLVIII N° 1: 251-272,

Chernyshenko, O., M. Kankaraš and F. Drasgow (2018), "Social and emotional skills for student success and well- being: Conceptual framework for the OECD study on social and emotional skills", OECD Education Working Papers, No. 173, OECD Publishing, Paris. Recuperado el 15 de noviembre de 2019, de http://dx.doi.org/10.1787/db1d8e59-en

Cornejo, R.; Etcheberrigaray, G.; Vargas, S.; Asséel, J.; Araya, R. y Redondo-Rojo, J.(2021). Actividades emocionales del trabajo docente: un estudio de shadowing en Chile. Quaderns de Psicologia, Vol. 23, Nro. 1.

Dávila, J. y Leal, F. (2019). Historias de bienestar: taller para docentes escolares. Iquique: Universidad de Tarapacá y Centro de Investigación para la Educación Inclusiva PIA-CONICYT CIE160009.

Didi-Huberman, G. (2016). ¡Qué emoción! ¿Qué emoción? Buenos Aires: Capital Intelectual.

Eisenberg, N. y Spinrad, T. (2004). Emotion-related regulation: sharpening the definition. Child Development, 75, 334-339.

Gross, J. J. (2008). Emotion regulation. In M. Lewis, J. M. Haviland-Jones, & L. F. Barrett (Eds.), Handbook of emotions (pp. 497–512). The Guilford Press.

Hervás, G., Cebolla, A., y Soler, J. (2016). Intervenciones psicológicas basadas en mindfulness y sus beneficios: Estado actual de la cuestión. *Clínica y Salud, 27*(3), 115-124. doi:10.1016/j.clysa.2016.09.002

Koole, S. L. (2010). The psychology of emotion regulation: An integrative review. En J. De Houwer y D. Hermans (Eds.), *Cognition & emotion: Reviews of current research and theories* (pp. 128-167). Nueva York, NY, EE.UU.: Psychology Press.

McCullough, M. E., Emmons, R. A., y Tsang, J. A. (2002). The grateful disposition: A conceptual and empirical topography. *Journal of Personality and Social Psychology, 82*(1), 112–127.

Mckay, M., Davis, M. y Fanning, P. (1988). Técnicas cognitivas para el tratamiento del estrés. Primera edición. España: Martínez Roca S. A.

Niemec, R.M. (2018). Fortalezas de carácter: guía de intervención. Ciudad de México: Manual Moderno.

Pérez, N., y Filella, G. (2019). Educación emocional para el desarrollo de competencias emocionales en niños y adolescentes. Praxis & Saber, 10(24), 23-44. https://doi.org/10.19053/22160159.v10.n25.2019.8941

Punset, E.; Bisquerra, R. y PalauGea (2015) "Universo de emociones". PalauGea Comunicación, S.L.

Reeve, J. (2005) Understanding Motivation and Emotion. (4ta ed.). New Jersey: John Wiley & Sons

Robinson, D. (2014). The role of cultural meanings and situated interaction in shaping emotion. Emotion Review, 6,189-195. DOI: 10.1177/1754073914522866.

Ryff, C. D., y Keyes, L. M. (1995).The structure of psychological well-being revisited. Journal Of Personality and Social Psychology. 69: 719 – 727.

Seligman, M. (2003). Positive psychology: Fundamental assumptions. American Psychologist, 126-127.

SENDA(2017). Manual de Promoción del Bienestar Docente en Establecimientos Educacionales. Área Técnica en Prevención. División Programática Servicio Nacional para la Prevención y Rehabilitación del Consumo de Drogas y Alcohol, SENDA Ministerio del Interior y Seguridad Pública Gobierno de Chile. Santiago, Chile

Soler, J. y Conangla, M. (2014). Aplícate el cuento. Editorial Amat.

Thompson, R. (1994). Emotion regulation: a theme in search of definition. Monographs of society for research child development. The Development of Emotion Regulation: Biological and Behavioral Considerations, 59, 25-52.

ACTIVIDADES COMPLEMENTARIAS

CAPÍTULO 1

"Considero más valiente al que conquista sus deseos que al que conquista a sus enemigos, ya que la victoria más dura es la victoria sobre uno mismo." Aristóteles	"Si accediéramos a la biografía de nuestros enemigos y comprendiéramos la tristeza y el sufrimiento que padecen, nuestra hostilidad se desvanecería". Henry W. Longfellow
"La cólera es una ráfaga de viento que apaga la lámpara de la inteligencia". Robert Green Ingersoll.	"Cuanto más abiertos estemos hacia nuestros propios sentimientos, mejor podremos leer los de los demás". Daniel Goleman
"El mantenimiento de la paz comienza con la autosatisfacción de cada individuo". Dalai Lama.	"Solo hay una cosa que hace que un sueño sea imposible de lograr: el miedo al fracaso." Paulo Coelho
"Los hombres olvidan siempre que la felicidad humana es una disposición de la mente y no una condición de las circunstancias". John Locke	"No hay deber que descuidemos tanto como el deber de ser felices". Robert Louis Stevenson
"La felicidad humana generalmente no se logra con grandes golpes de suerte, que pueden ocurrir pocas veces, sino con pequeñas cosas que ocurren todos los días." Benjamín Franklin	"El éxito consiste en obtener lo que se desea. La felicidad en disfrutar lo que se obtiene". Ralph Waldo Emerson.
"Del corazón a la inteligencia es más fácil el camino que de la inteligencia al corazón". Severo Catalina.	"Quien no comprende una mirada tampoco comprenderá una larga explicación". Proverbio árabe.
"Sé el cambio que querrías ver en el mundo." Gandhi	"Felicidad no es hacer lo que uno quiere sino querer lo que uno hace". Jean Paul Sartre.
Antes de actuar, escucha. Antes de reaccionar, piensa. Antes de rendirte, inténtalo. Ernest Hemingway	La felicidad es interior, no exterior, por lo tanto, no depende de lo que tenemos, sino de lo que somos. Pablo Neruda

📝 ¿Qué puedo decir en relación al pensamiento-frase que me correspondió?

📝 ¿Con qué emociones relaciono lo planteado en las tarjetas?

CAPÍTULO 2

Un(a) estudiante que al darle una indicación responde a la profesora, elevando el tono de voz "¡¡vieja, andai puro paquiando!!"

En una reunión de apoderados, el profesor jefe solicita colaboración para la formación de hábitos de estudio. Un apoderado levanta la mano y señala "eso no me corresponde a mí, ¡¡que haga algo la escuela!!"

La jefa de UTP señala que "el informe solicitado debe ser entregado en una hora más".

A los 10 minutos de haber iniciado el consejo de profesores, un colega pregunta a viva voz "¿a qué hora vamos a terminar esta cuestión?

Al finalizar la clase, el profesor se percata que dos estudiantes estaban discutiendo y agrediéndose al final de la sala. Al intentar calmarlos, uno de los estudiantes le dice al profesor "¡¡voh no te metai!!"

Al iniciar una entrevista con un apoderado, donde se le informa sobre el rendimiento y comportamiento de su hijo, éste increpa a la profesora señalando "¡¡en esta escuela no hacen nada bueno!!"

www.ingramcontent.com/pod-product-compliance
Lightning Source LLC
Chambersburg PA
CBHW041623220426
43662CB00001B/33